A SEXUALIDADE DAS MULHERES COM LESÃO MEDULAR: DA FICÇÃO À REALIDADE

Débora Araújo Leal

A SEXUALIDADE DAS MULHERES COM LESÃO MEDULAR: DA FICÇÃO À REALIDADE

A sexualidade das mulheres com lesão medular: Da ficção à realidade por Débora Araújo Leal.

A SEXUALIDADE DAS MULHERES COM LESÃO MEDULAR: DA FICÇÃO À REALIDADE

2017

Débora Araújo Leal

Clube de Autores Publicações S/A

Dados Internacionais de Catalogação da Publicidade (CIP)

Autora: LEAL, Débora Araújo.

A sexualidade das mulheres com lesão medular: Da ficção à realidade.

P. 38; 21 cm

ISBN: 978-85-7522-333-8

1. Sexualidade. 2. Mulheres. 3. Lesão Medular.

CDD: 371
CDU: 372

Todos os direitos reservados na forma da lei. Proibida a reprodução parcial ou total, por quaisquer meios, sem a permissão prévia, por escrito, da Autora.

1ª edição: maio de 2017

Clube de Autores Publicações S/A
Rua Otto Boehm, 48. Sala 08 – América
Joinville – SC, CEP: 89201-700

www.clubedeautores.com.br

CONSELHO EDITORIAL

Conceição Aparecida Oliveira Lopes, Dra.
Secretaria Municipal de Educação de Natal/RN

Delvanês Araújo Leal Santos, Dra.
Universidade Aberta de Portugal – UAB/PT

Francélia de Jesus Uchôa Paiva, Dra.
Universidade Nilton Lins (UniNilton, Manaus/AM)

François Silva Ramos, Dr.
Universidade Presidente Antônio Carlos (UNIPAC-FUPAC Uberaba/MG)

Jaberson Luiz Leitão Costa, Dr.
Instituto Federal de Roraima (IFRR)

Soraia Jesus de Oliveira, Dra.
Secretaria Estadual de Educação da Bahia/ UFBA

Tereza Cristina Bastos Silva Lima, Dra.
Secretaria Estadual de Educação da Bahia

A sexualidade das mulheres com lesão medular: Da ficção à realidade por Débora Araújo Leal.

Dedico este livro a você buscador (a) que assim como eu se interessa pela Sexualidade das mulheres com lesão medular adquirida como meio de emancipação e protagonismo social na esfera do Saber.

Uma viva inteligência de nada serve se não estiver ao serviço de um caráter justo; um relógio não é perfeito quando trabalha rápido, mas sim quando trabalha certo.

Luc de Clapiers Vauvenargues

AGRADECIMENTOS

Agradeço, a Deus que tem mim dado à dádiva do conhecimento, sendo soberano em minha vida, e aos meus mestres do Isauro, Polivalente e do CELEM, a minha primeira Professora do Jardim de Infância Cleonice.

À minha família pelo apoio incondicional, agradeço minha querida Mãe Anadete, meu Pai Francisco *in memoriam*, minhas irmãs: Rute, Delvanês e Joselita e meu amado irmão Geremias, aos meus queridos sobrinhos: Ana Clara e Gabriel, a Tia Leninha, Tio Manuel, Tio Roque e Cida, Flavyo, Suely, Dênia, Stânia, meus primos: Luiz Mário, Edimilson, Elisângela, Erinaldo, Edson, Silvane, Luana, Vinicíus, Júnior, Alice, Azize e Antônia que compreenderam minha ausência ou falta de devida atenção para com eles.

Não posso esquecer dos amigos que mim apoiaram nesta caminhada: Zete, Ana Claúdia, Janete, Bete, Renildo, Dilma, Davi, Dona Jana, Dona Zilda, Seu Iozinho, Seu André, Zé, Ailton, Marcos, Delma, Jacira, Zal, Sônia, Vó Maria, Pró Marlene, Graça, Valdinei,

Jefferson, Cristiane, Simone, Carol, Jilmaria, Rosália, Tânia, Valdinélia, Miriam, Ilza e a Pastora Ana e o Reverendo Ildenor.

Aos amigos do IESTE Educacional: Prof. Ruiter, Netto, Eliana, Simone, Palma e Paloma e tod@s os Estudantes. A todos vocês, que estiveram presentes, nesta jornada de estudos, o meu sincero muito obrigada!

PREFÁCIO

Falar sobre a sexualidade das mulheres com lesão medular implica necessariamente em abordar o conceito sexualidade humana de forma ampla, em toda sua dimensão, ou seja, abrangendo os aspectos físico-biológicos, socioculturais, econômicos e políticos.

Nesse contexto, a sexualidade masculina ainda se confunde com a prática "machista", com todos os significados que este termo contém e que é tão sobejamente conhecido. A sexualidade feminina assume ainda contornos de submissão, repressão, sob a égide da dominação masculina que, contraditoriamente, explora o erotismo do corpo feminino em todos os níveis, transformando-o em objeto de prazer.

A despeito das mudanças que se processam quanto à função social da mulher hoje, principalmente a partir do seu engajamento no mercado de trabalho e, decorrente, de seu papel mais participativo em termos de equidade com o homem no seio da família, permanecem ainda resquícios da sociedade patriarcal e autoritária da sociedade fálica.

Estudos mostram que a sexualidade masculina é mais centrada nos órgãos genitais (no pênis), diferentemente da sexualidade feminina, que é mais difusa sobre seu corpo. O corpo predominantemente genitalizado do homem pode ser explicado em função de que este, independentemente de classe social, foi submetido, historicamente, ao processo de produção, foi canalizado para o trabalho.

Indícios de mudanças aparecem na classe média, na qual este modelo começou a ser rompido a partir do questionamento das relações de gênero, provocando uma maior equidade no que se refere ao direito à gratificação sexual e à valorização orgástica da mulher.

Assim, a sexualidade masculina, como instrumento de dominação e poder, é uma postura sexual alienante. Essa alienação é parte constitutiva das sociedades que valorizam o trabalho em detrimento do prazer, negando o próprio corpo. São formas mascaradas de repressão, apesar da liberação sexual iniciada há três décadas com o advento da pílula anticoncepcional e a ascensão social e política da mulher.

Esses valores atingem de modo severo aos deficientes físicos (em consequência de danos neurológicos). Estes, a despeito das disfunções sexuais presentes em diferentes níveis, quanto à ereção, ejaculação, orgasmo e reprodução, mantêm a sua sexualidade latente, quando entendida no seu conceito ampliado.

Há que se compreender, todavia, que, para o homem com deficiência física, tais limitações acarretam o sentimento de que lhe foi tirado o essencial de sua identidade masculina, construída culturalmente sob o significado simbólico do "poder do falo". Consequentemente, tiraram desse homem o "seu poder" nas relações sociais e interpessoais. Na mulher, o impacto da deficiência atinge a sexualidade na sua imediaticidade, ou seja, na sua aparência. Seu corpo, objeto de erotização, apresenta deformidades que o distanciam do modelo de "belo" e "perfeito" forjado pela cultura "machista" e pelo marketing das sociedades capitalistas.

Este pano de fundo está implícito na manifestação da sexualidade humana e, como tal, necessita ser aprendido e compreendido pelos profissionais da Educação Especial. Assim buscamos caminhos para que possam exercitar sua sexualidade o mais plenamente possível, com a obtenção do prazer físico e psíquico, fatores contribuintes para sua reintegração inclusiva social saudável.

SUMÁRIO

1 INTRODUÇÃO.. 14
2 A SEXUALIDADE DAS MULHERES COM LESÃO MEDULAR.. 17
3 O DESCORTINAR DA DEFICIÊNCIA SOBRE O PRISMA DA LESÃO MEDULAR............................ 20
4 CONSIDERAÇÕES FINAIS.................................. 28
5 REFERÊNCIAS... 31

1 INTRODUÇÃO

A temática apresentada neste estudo sobre a sexualidade e lesão medular, caracteriza pela complexidade em vista do referencial sócio- histórico e cultural em que se qualifica a deficiência a sexualidade e a deficiência física. Assim, adquirir conhecimentos sobre a sexualidade de mulheres com lesão medular sobre o processo de des-construção e re-construção das percepções sobre a sexualidade e de como essa sexualidade se manifesta após a lesão medular, foi o ponto de partida para a realização deste estudo.

A aproximação com essa realidade ocorreu através de contato com algumas mulheres com lesão medular, despertou a curiosidade de investigar sobre a inclusão sexual destas mulheres na sociedade. Busca-se também com este estudo compreender as dificuldades vivenciadas por estas pessoas, tendo em vista que estes problemas perpassam as limitações motoras e as alterações dos sistemas do corpo e se manifestam nas complicações do exercício dos seus papéis sociais na integração e inclusão da nova imagem corporal e na expressão da sexualidade.

Toda essa problemática se deve ao fato de que a lesão medular se constitui como uma deficiência física que traz sérias consequências no âmbito socioeconômico, emocional e físico. Entretanto, apesar de existir essas alterações, a mulher com lesão medular mantém sua necessidade de construir laços afetivos e expressar sua sexualidade, corroborando, Lianza (2001) menciona que, embora o próprio ato sexual tenha sido modificado significadamente após uma lesão na medula espinhal o desejo sexual e a sexualidade individual ainda estão presentes como uma parte importante da constituição da figura feminina.

Neste estudo busca compreender a sexualidade como multidimensional comportando as dimensões biológica, psicológica e social. Ao compreendermos que a sexualidade é mais complexa que o ato sexual, é carinho, é sentimento, são sensações, é tudo que proporciona bem estar e prazer ao indivíduo. Desta forma é possível quebrar tabus e viver plenamente a sexualidade.

Todavia sabe-se que o universo da deficiência física é muito mais amplo que a lesão medular, mas há uma preferência sobre essa deficiência com ênfase nas mulheres por se tratar de algo, infelizmente, comum na sociedade atual. Em tempos de balas perdidas e acidentes de trânsito indiscriminados, a re-socialização das mulheres com lesão medular a níveis sociais, psicológicos e sexuais, tem que ser discutidas à exaustão para sensibilizar sociedade e as autoridades.

Portanto, a relevância em abordar essa população (mulheres com lesão medular) em um estudo sistematizado vem ao encontro da magnitude da ocorrência da lesão medular, bem como do impacto social que essa síndrome neurológica ocasiona.

2 A SEXUALIDADE DAS MULHERES COM LESÃO MEDULAR

Uma revisão histórica da literatura revela, segundo Lianza (2001), que o interesse sobre sexualidade e função sexual da mulher com lesão medular é ainda recente. Foram propostas muitas explicações, mas a mais evidente se dá pela incidência maior da lesão medular nos homens que nas mulheres, também segundo Charlifue (1992), pelo fato de que a mulher com lesão medular permanece fértil e é capaz de levar uma gravidez a termo, dando-se, assim menos atenção aos seus problemas nesta área.

Com base nessas assertivas, considera-se que a falta de atenção dos pesquisadores para com a sexualidade da mulher com lesão medular se conjuga com a visão social em que não se problematiza a sexualidade, em razão do fato de que essas mulheres continuam a cumprir seu papel social de reprodutoras, não se importando com a satisfação sexual que estes possam atingir.

Entretanto atualmente, em vistas das mudanças sócio-históricas e culturais do papel da mulher coloca Loyola (1998), inegável o esforço de desconstrução da concepção naturalizada da sexualidade que se mantém ligada a reprodução biológica da espécie e se constitui em tema de estudo dos historiadores, sociólogos e antropólogos.

Em que pese a falta de estudos sobre a sexualidade das mulheres com lesão medular, isso não significa que elas estão livres das questões concernentes a sexualidade, porque, como afirma Castro (2004), a sexualidade para a mulher não abrange problemas das disfunções sexuais, mas também questões de outros níveis como os relacionamentos amorosos, familiares e profissionais, os quais também, afetam o seu bem estar geral.

Para abargar esta questão da sexualidade das mulheres com lesão medular faz-se necessário um respaldo legislativo, a fim de promover a inclusão destas pessoas:

> Considerando que o reconhecimento da dignidade inerente a todos os membros da família humana e dos seus direitos iguais e inalienáveis constitui o fundamento da liberdade, da justiça e da paz no mundo. (Declaração Universal dos Direitos Humanos, 1945)

Neste sentido, as mulheres com deficiência tem os mesmos direitos que qualquer outra pessoa. Contudo, apesar delas terem conhecimento dos direitos do cidadão deficiente, estes nem sempre são tidos em consideração pela sociedade, sendo importante que esta esteja sensibilizada para esta problemática, de forma a possibilitar a integração da mulher com deficiência, permitindo a sua realização pessoal e uma melhoria da sua qualidade de vida.

Portanto, diante de toda essa problemática acerca da sexualidade feminina após a lesão medular, por haver mais estudos sobre a sexualidade do homem com essa incapacidade, por analisar toda esta questão sobre uma visão holística e, ainda pela mobilização e incentivo recebidos, tornou-se imperioso desenvolver este estudo de pesquisa com vistas a ajudar as mulheres com lesão medular.

3 O DESCORTINAR DA DEFICIÊNCIA SOBRE O PRISMA DA LESÃO MEDULAR

Atualmente o tema deficiência vem ganhando visibilidade no cenário nacional. Observam-se, na contemporaneidade, grandes avanços nas discussões relacionadas à inclusão social das pessoas com deficiência. Essas se objetivam tanto na criação de uma legislação voltada à garantia dos direitos sociais desta população, como o Estatuto da Pessoa com Deficiência, como pela a Convenção Internacional pelos Direitos das Pessoas com Deficiência e pela criação de programas de reabilitação e de inclusão social na educação, saúde e mercado de trabalho.

No campo da produção do conhecimento, há uma intensificação da produção científica relacionada à temática deficiência física. Um grande número de pesquisas científicas, dissertações de mestrado e teses de doutorado tem estudado os múltiplos aspectos a ela relacionados. Muitas se situam no plano da denúncia da marginalização e da opressão a que vêm sendo submetidas às pessoas com deficiência.

Outras apontam a contribuição do Estatuto da Pessoa com Deficiência para a ampliação da inserção desta população na escola formal e no mercado de trabalho. Também há os trabalhos que tratam da inclusão na educação, e das barreiras arquitetônicas e atitudinais – atitudes, estereótipos, preconceitos e estigma – e suas implicações na limitação da inclusão social e, ainda, os que estudam as implicações da deficiência física na relação do sujeito com o corpo e no modo como vivencia a sexualidade (GESSER, 2007).

Neste sentido, o corpo é entendido como construído histórico-culturalmente a partir dos significados que são apropriados pelos sujeitos e que mediam a forma como estes e a sociedade de modo geral se relacionam com aquele nos diferentes momentos históricos (LAQUEUR, 2001). Já em relação à deficiência, essa foi entendida a partir do modelo social da deficiência resgatado por Diniz (2007) como uma categoria de análise e como uma forma de opressão social. Segundo a autora, a sociedade é pouco sensível as necessidades de circulação das pessoas com deficiência, construindo barreiras sociais que impedem a circulação e excluído-as socialmente.

Além de se estabelecer um diálogo com os autores que trazem o histórico da deficiência far-se-a também um estudo baseado nos conceitos de termos fundamental para a pesquisa a exemplo do termo lesão medular que é utilizado para se referir a qualquer tipo de lesão que ocorra nos elementos neurais do canal medular. A lesão medular afeta a condução de sinais motores e sensitivos através das áreas lesionadas, Danifica uma rede neural complexa implica na transmissão, modificação e coordenação motora e sensorial, e no controle autônomo dos sistemas e de órgão (López, 2001) Os termos usados para descrever esses sujeitos indicam o nível geral da lesão de coluna vertebral e da perda da função e podendo ser classificados dentro de dois esquemas básicos (López, 2001).

Tetraplegia- Quando existe evidências da perda funcional e sensitiva acima ou ao nível neurológico de C8, com demonstração desta perda em extremidade superior.

Refere-se a diminuição ou perca da função sensitiva e/ou motora nos segmentos cervicais da medula devido a danos dos elementos neurais dentro do canal medular. Tetraplegia resulta em diminuição funcional de membro superior assim como troncos pernas e órgão pélvicos. As lesões do plexo braquial ou nervos periféricos fora do canal medular não são tidos como tetraplegia (López, 2001).

Paraplegia- É descrita como perca funcional abaixo do nível de C8 e representa uma faixa extensa de disfunções neuromusculares. Refere-se a diminuição ou perca da função motora e/ou sensitiva dos segmentos torácicos, lombares ou sacrais no cordão medular, secundária a lesão de elementos neurais dentro do canal medular. Na paraplegia, a função do membro superior está preservada, mas dependendo do nível de lesão, o tronco, as pernas e os órgãos pélvicos podem estar comprometidos (López, 2001)

Lesão Medular Incompleta- As funções motora e sensitiva estão preservadas ao nível de segmento sacral. Estão incluídas nessas sensações sacrais uma profunda sensação anal e a contração voluntária da musculatura do esfíncter anal é utilizada para demonstrar se a função está ou não preservada. Clinicamente são denominadas síndromes ou lesões (López, 2001).

Lesão Medular Completa- Não há função motora ou sensitiva preservada ao nível de segmento sacral. O Nível neurológico é dado como sendo o nível mais baixo onde ainda é encontrada alguma evidência de função ou sensação muscular sem preservação, no entanto, da funcionabilidade da área sacral. Descreve o caso em que toda a comunicação neuronal é interrompida, como ocorre na transecção completa da medula espinhal (López, 2001).

Portanto trataremos dos principais conceitos relacionados a lesão medular a luz do teórico (López, 2001). Porém ao nos referimos a sexualidade do corpo lesado travaremos um diálogo com (Moraes, 2006), no qual ele enfoca que, se você não sente metade do seu corpo, você descobrirá sozinho ou junto com seu parceiro que seu corpo é uma fonte de prazer e que ao estimular outras partes sensíveis, como a boca, a orelha, o peito e as costas você poderá estar descobrindo a sua nova sexualidade.

> Tanto no homem como na mulher é possível o orgasmo, embora seja descrito como uma experiência "diferente" em relação à situação antes da lesão. Relatam frequentemente a percepção do alívio da tensão e, apesar da perda sensorial ser extensa, referem existir uma maior sensibilidade no restante tecido intacto.

No entanto, nota-se ao contrário do homem, na mulher, as alterações da sexualidade não são tão evidentes, uma vez que estas são capazes de manter uma relação sexual, com coito, e existe a possibilidade de maternidade. No entanto, produzem-se igualmente alterações consideráveis, dependendo da gravidade da lesão ou doença ao nível neurológico.

De acordo com Alves (2001), a mulher com lesão medular consegue participar ativamente no ato sexual, mas uma vez que há diminuição ou ausência de lubrificação vaginal e o ingurgitamento do clitóris está geralmente diminuído ou ausentes, é freqüentemente necessária aplicação de lubrificante hidrossolúvel em substituição da lubrificação natural, para facilitar a relação. A mulher habitualmente conserva a capacidade de concepção, logo que esteja restabelecido o ciclo menstrual (cerca de 4 a 6 meses após a lesão). A gravidez pode decorrer em segurança, e o parto pode ser natural. Contudo, a incidência de problemas nas vias urinárias e de disreflexia autônoma, tanto durante a gravidez como no trabalho de parto, pode levar a que o parto ocorra por cesariana.

Pode-se assim dizer que a sexualidade de uma pessoa com lesão medular está comprometida em qualquer das suas funções básicas: erótica, relacional e produtora, como conseqüência direta da afetação neurológica e indiretamente da reação psicológica. No entanto uma orientação e tratamento adequados possibilitarão que a pessoa que sofreu a lesão volte a ser capaz de manter relações sexuais satisfatórias, para ela e seu companheiro bem como também aceder igualmente à paternidade ou maternidade.

Para Charlifue (1992) e Alves (2001), a lesão medular é uma das lesões mais catastróficas, porque priva a pessoa temporária ou permanentemente de realizar as atividades da vida diária. Ao nível da sexualidade, as mudanças produzidas com uma paraplegia ou uma tetraplegia, não dependem unicamente das diferenças de sexo, mas também da gravidade da lesão (completa ou incompleta) e do nível da lesão. Qualquer alteração sexual das pessoas com lesão medular, pode ser tratada satisfatoriamente dentro de uma abordagem multidisciplinar que tenha em conta os diferentes aspectos biopsicossociais implicados.

Há cinqüenta anos os problemas das pessoas com deficiência eram tratados exclusivamente no âmbito médico, atuando única e exclusivamente como que se fossem seres assexuados. Foi a partir de 1970 que se desenvolveu uma sociedade mais permissiva e aberta às questões da sexualidade, inclusive das pessoas com deficiência, reivindicando-se como um direito de todas as pessoas com ou sem deficiências.

De acordo com Loyola (1998), na década de oitenta surgiram novamente mudanças que incidiram no tratamento e aconselhamento de pessoas com deficiência, tais como novas técnicas de fertilização e reprodução assistida, o aparecimento de novos medicamentos, avanços eletrônico e técnicas micro-cirúrgicas, assim como os estudos sobre os fatores psicológicos que intervinham nas relações sexuais e afetiva.

4 CONSIDERAÇÕES FINAIS

Portanto, conhecer a sexualidade de mulheres com lesão medular implica compreender a forma de vida dessas pessoas, considerando-se o contexto socioeconômico e cultural em que vivem. É importante considerar que a orientação e tratamento da sexualidade de uma pessoa com deficiência não deve ser considerada qualitativamente distinta da de uma pessoa sem qualquer deficiência, uma vez que somos culturalmente e fisicamente seres sexuados, embora cada um tenha necessidades específicas dependendo da idade, personalidade, situação física, oportunidades e capacidade de relação. Existem atualmente diferentes técnicas práticas que procuram minimizar as consequências de uma lesão medular na área sexual.

No caso da mulher, não existem técnicas similares e o tratamento enquadra-se de forma global, com vigilância ginecológica, controlo da natalidade, aprendizagem de técnicas de sensibilização corporal, entre outras. De acordo com Cardoso (2003), e Lianza

(2001) a reabilitação sexual deveria constituir uma das valências do programa reabilitacional, de modo a promover uma nova atitude em relação à sexualidade e para uma redefinição criativa dos interesses, iniciativas e comportamentos sexuais individualmente e/ou na companhia do parceiro sexual.

Na atualidade, são reconhecidas mais abertamente as necessidades sexuais do indivíduo deficiente. Com os avanços da ciência, as pessoas com deficiência física já podem decidir acerca de terem ou não filhos. No entanto, alguns indivíduos, mesmo sendo familiares da pessoa com deficiência, ainda ignoram ou negam as necessidades sexuais destas pessoas.

Assim, e apoiando-nos em Gomes e Castilho (2003), numa época em que prevalece a ética das responsabilidades face à ética dos direitos, é necessário que a reabilitação passe a atuar sobre a pessoa global deficiente, também ela com responsabilidades, visando obter a sua máxima autonomia e a satisfação das suas necessidades individuais e das pessoas que com ela convivem. Em consonância, a integração deve assentar em alicerces sólidos, de modo a permitir à pessoa com deficiência fazer face aos vários problemas que tem que enfrentar no dia-a-dia, na afirmação da sua autonomia e realização sexo-afetiva.

5 REFERÊNCIAS

ANDRADE, Maria Margarida de. **Como preparar trabalhos para cursos de pós-graduação: noções práticas.** São Paulo: Atlas, 1995.

ALVES, Mª Célia; SOUSA, Mª do Rosário; PINTO, Manuel A.S. – **Cuidados de Enfermagem à Pessoa com Traumatismo** Vértebro Medular.

AZEREDO, Carlos Alberto Caetano. **Fisioterapia respiratoria moderna.** 4. ed. Sao Paulo: Manole, 2002. 495 p. ISBN 85-204-1346-3.

AZEREDO, Carlos Alberto Caetano. **Fisioterapia respiratoria no hospital geral: expansao - reexpansao - recrutamento alveolar.** Revisao de Tereza Maria Lourenco Pereira. Sao Paulo: Manole, 2001. 476 p. il. color. ISBN 85-204-0971-7.

CAMPOS, Mirian Piber. **Nem anjos, nem demônios: discursos e representações de corpo e de sexualidade de pessoas com deficiência na internet.** Dissertação (Mestrado em Educação). Canoas: Universidade Luterana do Brasil. 2006, p. 124p.

CARDOSO, Jorge - **Reabilitação sexual pós-deficiência física:** um modelo multidimensional. "Sexualidade e Planeamento Familiar". A.P.F. - Associação para o Planeamento da Família. N.º37 (Maio/Dezembro, 2003), pág. 5-10. ISSN 0872-7023

DINIZ, Débora. **O que é deficiência.** São Paulo: Brasiliense, 2007. 89 p.

EID, Katya. **A Representação da imagem corporal do deficiente físico por meio do desenho da figura humana.** Dissertação (Mestrado em Distúrbios do Desenvolvimento). São Paulo: Universidade Plesbiteriana Makeizie, 2003, p. 84p.

FONTES, Maria Lucineide Andrade. **Corpos Canônicos e Corpos Dissonantes.** Uma abordagem do corpo feminino deficiente em oposição aos padrões corporais idealizados vigentes nos meios de comunicação de massa. Tese (Doutorado em Comunicação e Cultura Contemporânea). Salvador: UFBa, 2004, p. 222p.

GARDNER, Ernest; GRAY, DONALD J; RAHILLY, RONAN O. **Anatomia: estudo regional do corpo humano.** Traducao de Rogerio Benevento. 4.ed. Rio de Janeiro: Guanabara Koogan, 1988. 815 p. il. ISBN 85-228-0013-9.

GARDNER, Ernest; GRAY, DONALD J; RAHILLY, RONAN O. **Anatomia: estudo regional do corpo humano**. Traducao de Rogerio Benevento. 4.ed. Rio de Janeiro: Guanabara Koogan, 1988. 815 p. il. ISBN 85-228-0013-9.

GESSER, Marivete. **Gênero, corpo e sexualidade:** processos de significação e suas implicações na constituição da mulher com deficiência física. Estudo de tese (doutorado em Psicologia). Florianópolis: UFSC, 2007.

GIL, Antônio Carlos. **Métodos e técnicas de Pesquisa Social**. São Paulo: Atlas, 1999.

GISPERT, Carlos – **Enciclopédia da Sexualidade**. Vol.4. Lisboa: Oceano – Liarte. [s.d.], 640p. ISBN: 972-8385-14-5

GOMES, Ana Allen; CASTILHO, Paula – **Sexualidade e deficiência Mental** in Fonseca, Lígia; Soares, Catarina; Vaz, Júlio Machado – A sexologia – "Perspectiva multidisciplinar I". Vol. I. Coimbra. 2003. Quarteto. ISBN: 989-558-015-0

GUYTON, Arthur C; HALL, John E. **Tratado de fisiologia medica**. Traducao de Charles Alfred Esberard. 9.ed. Rio de Janeiro: Guanabara Koogan, 2002. 1014 p. ISBN 85-277-0395-5.

GUYTON, Arthur C. **Neurociencia Basica: anatomia e fisiologia**. 2.ed. Rio de Janeiro: Guanabara Koogan, 2002. 345 p. il. ISBN 85-277-0258-4.

GUYTON, Arthur C; HALL, John E. **Tratado de fisiologia medica**. Traducao de Charles Alfred Esberard. 9.ed. Rio de Janeiro: Guanabara Koogan, 2002. 1014 p. ISBN 85-277-0395-5.
GUYTON, Arthur C. **Neurociencia Basica: anatomia e fisiologia**. 2.ed. Rio de Janeiro: Guanabara Koogan, 2002. 345 p. il. ISBN 85-277-0258-4.

HALL, Calvin Springer; LINDZEY, Gardner. **Teorias da Personalidade**. Traducao de Maria Cristina Machado Kupfer. 18.ed. Sao Paulo: EPU, 1984. v.1. 159 p. il. ISBN 85-12-63310-7

HALL, Calvin Springer; LINDZEY, Gardner. **Teorias da Personalidade**. Traducao de Maria Cristina Machado Kupfer. 18.ed. Sao Paulo: EPU, 1984. v.1. 159 p. il. ISBN 85-12-63310-7

LAQUEUR, Thomas. **Inventando o sexo**. Rio de Janeiro: Relume Dumará, 2001.

LOPEZ, Mario; LAURENTYS-MEDEIROS, J. **Semiologia medica: as bases do diagnostico clinico: as bases do diagnostico clinico**. 4.ed. Rio de Janeiro: Revinter, 2001. v.1. 648 p. ISBN 85-7309-336-6.

LOVO, Thaís Maria Albani. Anosognosia, **Imagem Corporal na Hemiplegia**. Dissertação (Mestrado em Educação Física) Campinas: UNICAMP, 2006, 167p.

MAGALHÃES, Vasco Pinto – " **A sexualidade como valor**". In: BARBOSA, António; GOMES-PEDRO, João – "Sexualidade". Lisboa. Faculdade de Medicina Universidade de Lisboa. 2000, p.219. ISBN 972-9349-05-3

MACHADO, Angelo B.M. **Neuroanatomia funcional**. 2.ed. Sao Paulo: Atheneu, 2002. 363 p. il. ISBN 85-7379-069-5.

O'Sullivan, Susan B; SCHMITZ, Thomas J. **Fisioterapia: avaliacao e tratamento**. Traducao de Fernando Gomes do Nascimento. 2. ed. Sao Paulo: Manole, 1993. 775 p. il. ISBN 85-204-0108-2.

PAIVA, Vera. **Fazendo arte com camisinha:** sexualidades jovens em tempos de Aids. São Paulo: Summus, 2000.

ROHDEN, Fabíola. **Uma ciência da diferença: sexo e gênero na medicina ocidental.** Rio de Janeiro: FIOCRUZ, 2001. 224p.

SCHERB. Eliane M. Von Kutzleben. **Deficiência Física Adquirida por Lesão Medula Traumática:** estudo da Auto-Imagem. Dissertação (Mestrado em Psicologia Clínica) São Paulo: USP, 1998. 178p.

SILVA, Luiz Carlos Avelino da. **A reinvenção da sexualidade masculina na paraplegia adquirida.** Tese (Doutorado em psicologia Escolar e do Desenvolvimento Humano). São Paulo: USP, 2004,299p

SILVA, Luiz Carlos Avelino da e ALBERTINI, Paulo **A reinvenção da sexualidade masculina na paraplegia adquirida.** Rev. Dep. Psicol.,UFF, 2007, vol.19, no.1, p.37-48.

SOARES, Valeria Leite. **A atividade esportiva e sua influência na imagem corporal do adolescente com deficiência física: um estudo de dois casos.** Dissertação (Mestrado em Distúrbios do Desenvolvimento). São Paulo: Universidade Plesbiteriana MACKENZIE, 2004, 100p.

SPIZZIRRI, Giancarlo. **Estudo sobre a abordagem da sexualidade do paciente portador de deficiência física em processo de reabilitação.** Dissertação (Mestrado em Psiquiatria). São Paulo:

USP. 1999. 136p.

UMPHRED, Darcy Ann (Ed.). **Fisioterapia neurologica.** Traducao de Lilia Breternitz Ribeiro. 2.ed. Sao Paulo: Manole, 1998. 876 p. ISBN 85-204-0048-3.